TABLEAUX

PAR

EDMOND YON

PARIS. — IMPRIMERIE DE L'ART

E. MOREAU ET Cⁱᵉ, 41, RUE DE LA VICTOIRE

CATALOGUE

DES

TABLEAUX

ET

AQUARELLES

PAR

EDMOND YON

DONT LA VENTE AURA LIEU

HOTEL DROUOT, SALLE N° 6

Le Jeudi 5 Avril 1894

A 2 HEURES 1/2

COMMISSAIRE-PRISEUR

M° LÉON TUAL, 56, rue de la Victoire

EXPERT

M. GEORGES PETIT, 12, rue Godot-de-Mauroi

Chez lesquels on délivrera le Catalogue

EXPOSITION PARTICULIÈRE

GALERIE GEORGES PETIT

12, rue Godot-de-Mauroi, 12

Les Dimanche 1er, Lundi 2 et Mardi 3 Avril 1894

EXPOSITION PUBLIQUE

HOTEL DROUOT, SALLE N° 6

Le Mercredi 4 Avril 1884, de une heure à cinq heures et demie

CONDITIONS DE LA VENTE

Elle sera faite au comptant.

Les acquéreurs payeront en sus des enchères *cinq pour cent*, applicables aux frais de la vente.

Paris. — Imprimerie de l'Art, E. Moreau et Cⁱᵉ, 11. rue de la Victoire

DÉSIGNATION

TABLEAUX

1 — *L'Ilot, à Nesles-Normandeuse.*

Haut., 1 m. 20 cent.; larg., 95 cent.

2 — *Matinée dans le Marais.*

Haut., 53 cent.; larg., 70 cent.

3 — *Le Printemps, à Malesherbes.*

Haut., 53 cent; larg., 70 cent.

4 — *La Pêche à l'échiquier.*

Haut., 51 cent; larg., 69 cent.

5 — *Pâturage, à Vieux-Rouen.*

Haut., 45 cent.; larg., 68 cent.

6 — *Moret-sur-Loing (rue générale).*

Haut., 51 cent.; larg., 69 cent.

7 — *La Bresles, à Nesles-Normandeuse.*

Haut., 46 cent.; larg., 70 cent.

8 — *Bords du Loing, à Moret.*

Haut., 52 cent.; larg., 60 cent.

9 — *Le Bief du moulin de Malesherbes.*

Haut., 69 cent.; larg., 52 cent.

10 — *Le Ruisseau sous bois.*

Haut., 45 cent.; larg., 66 cent.

11 — *Le Moulin de Boutigny-sur-Essonnes.*

Haut., 44 cent.; larg., 61 cent.

12 — *Bords de l'Essonnes au printemps.*

Haut., 41 cent.; larg., 70 cent.

13 — *L'Essonnes, à Malesherbes.*

Haut., 41 cent.; larg., 70 cent.

14 — *Le Matin dans les marais de la Somme.*

Haut., 41 cent.; larg., 65 cent.

15 — *L'Étang de Camiers-sur-Mer.*

Haut., 33 cent.; larg., 60 cent.

16 — *Dans les marais de Longpré.*

Haut., 38 cent.; larg., 57 cent.

17 — *Un Village dans les prés de Montargis.*

Haut., 38 cent.; larg., 55 cent.

18 — *La Cabane du garde-pêche.*

Haut., 38 cent.; larg., 57 cent.

19 — *Passerelle, à Nesles-Normandeuse.*

Haut., 38 cent.; larg., 55 cent.

20 — *La Retenue, à Bannalec (Finistère).*

Haut., 36 cent.; larg., 56 cent.

21 — *Le Bain des soldats, à Montargis.*

Haut., 38 cent.; larg., 55 cent.

22 — *Le Vieux Bateau.*

Haut., 36 cent.; larg., 51 cent.

23 — *Derrière le moulin, à Boutigny.*

Haut., 49 cent.; larg., 34 cent.

24 — *L'Abreuvoir de Boigneville.*

Haut., 35 cent.; larg., 5o cent.

25 — *Ramasseuses de sable, à Camiers-sur-Mer.*

Haut., 33 cent.; larg., 5o cent.

26 — *La Dune, à Camiers-sur-Mer.*

Haut., 33 cent.; larg., 5o cent.

27 — *Le Moulin de Nesles-Normandeuse.*

Haut., 35 cent.; larg., 4o cent.

28 — *Entre Nesles et Blangy (vallée de la Bresles).*

Haut , 32 cent. 1/2 ; larg., 47 cent

29 — *Le Marais dans la dune.*

Haut., 33 cent ; larg , 5o cent.

3o — *Un Clos, à Camiers-sur-Mer.*

Haut., 33 cent.; larg., 5o cent.

31 — *Sur l'Essonnes.*

Haut., 35 cent.; larg., 5o cent.

32 — *Prairie, à Montargis.*

Haut., 36 cent.; larg., 51 cent.

33 — *Le Marais de Bettancourt.*

Haut., 36 cent.; larg., 52 cent.

34 — *Bords de l'Essonnes, à Boutigny.*

Haut., 34 cent.; larg., 52 cent.

35 — *Une Rue, à Vers (Lot).*

Haut., 51 cent.; larg., 33 cent.

36 — *Le Loing, à Montargis.*

Haut., 36 cent.; larg., 51 cent.

37 — *Le Pont de Boutigny.*

Haut., 32 cent.; larg., 49 cent.

38 — *La Bresles, à Neslettes.*

Haut., 35 cent.; larg., 49 cent.

39 — *Le Moulin de Vieux-Rouen.*

Haut., 35 cent.; larg., 48 cent.

40 — Dans le marais de Longpré-les-Corps-Saints.

Haut., 33 cent.; larg., 46 cent.

41 — Dans la dune, à Camiers-sur-Mer.

Haut., 38 cent.; larg., 46 cent.

42 — Prairies dans la vallée de la Somme.

Haut., 36 cent.; larg., 51 cent.

43 — La Séance du matin.

Haut., 32 cent.; larg., 46 cent.

44 — La Rivière de Malesherbes.

Haut., 34 cent.; larg., 49 cent.

45 — Le Pont du Vacher.

Haut., 36 cent.; larg., 52 cent.

46 — Un Hameau sur le Loing.

Haut., 36 cent.; larg., 51 cent.

47 — *Chaumières, à Camiers.*

Haut., 33 cent.; larg., 42 cent.

48 — *Un Petit Bras de l'Essonnes.*

Haut., 45 cent.; larg., 28 cent. 1/2.

49 — *Le Petit Pont du moulin.*

Haut., 44 cent. 1/2; larg., 28 cent. 1/2.

50 — *Arrière-saison ; bords de la Bresles.*

Haut., 28 cent. 1/2 ; larg., 45 cent.

51 — *Le Matin sur l'Essonnes.*

Haut., 28 cent. 1/2 ; larg., 43 cent.

52 — *Ramasseuse de sable, à Camiers-sur-Mer.*

Haut., 28 cent. 1/2 ; larg., 46 cent.

53 — *Matinée d'automne (Nesles - Norman-deuse).*

Haut., 28 cent. 1/2 ; larg., 45 cent.

54 — *Moulin sur l'Essonnes.*

Haut., 28 cent. 1 2 ; larg., 44 cent. 1/2.

55 — *La Potinière.*

Haut., 26 cent.; larg., 42 cent. 1/2.

56 — *La Voiture du père Rossaille.*

Haut., 27 cent ; larg., 35 cent.

57 — *Ponceau, à Longpré.*

Haut., 25 cent.; larg., 34 cent.

58 — *Fleurs de marais.*

Haut., 26 cent.; larg., 34 cent.

59 — *L'Étang des Quarante.*

Haut., 27 cent.; larg., 31 cent.

60 — *Village picard.*

Haut., 52 cent ; larg., 36 cent.

61 — *Maisons, à Camiers-sur-Mer.*

Haut., 33 cent ; larg., 42 cent.

62 — *La Route de Boutigny.*

Haut., 28 cent. 1/2 ; larg., 45 cent.

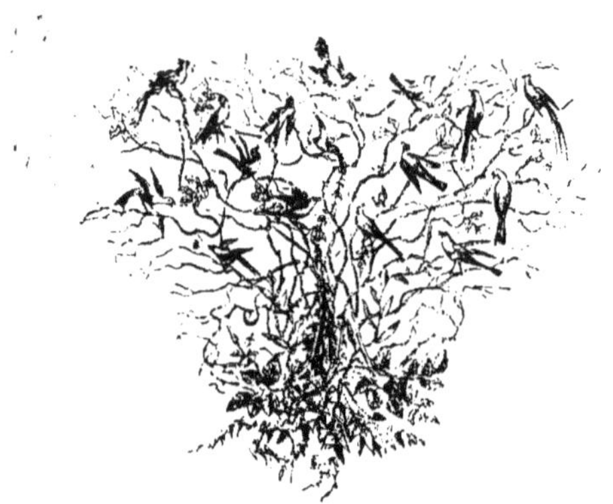

AQUARELLES

63 — *Petit Port de pêche, à Beaulieu (Alpes-Maritimes).*

Haut., 38 cent.; larg., 25 cent.

64 — *Vue prise des hauteurs de Monte-Carlo.*

Haut., 25 cent.; larg., 35 cent.

65 — *Fin de journée à Beaulieu. (Alpes-Maritimes.)*

Haut., 38 cent.; larg., 25 cent.

66 — *Maisons à Dannes-sur-Mer. (Pas-de-Calais.)*

Haut., 25 cent.; larg., 35 cent.

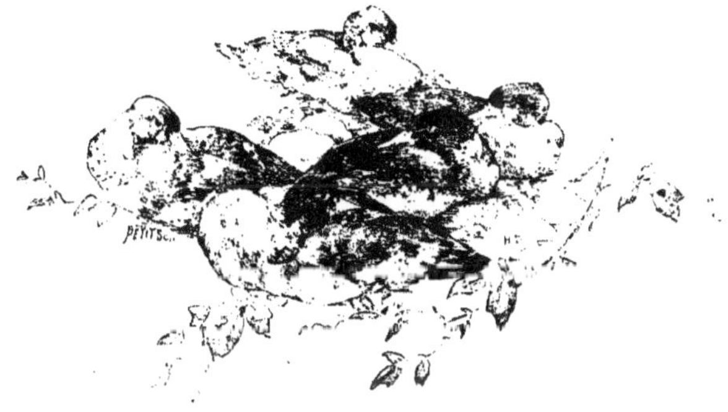

www.ingramcontent.com/pod-product-compliance
Lightning Source LLC
LaVergne TN
LVHW010857180726
843502LV00010B/3940